AF599429

Réquiem y exaltación

Este libro ha sido impreso con papel 100% reciclado.

lasturaediciones.com / info@lasturaediciones.com

Colección Alcalima, n.º 248
Dirige la colección: Isabel Miguel

Editado en Madrid, España.

Primera edición: mayo, 2025

Depósito Legal: M-10523-2025
ISBN: 979-13-990447-3-7

Impreso en Antequera, Málaga (España)

Matías Escalera Cordero

RÉQUIEM Y EXALTACIÓN

Colección Alcalima de Poesía N.º 248

¡Albricias, nuevos esclavos!...

¡Descansad en paz, viejos trabajadores!...

A Álvaro Tejero: muerto a destiempo
como los buenos,
igual que mi hermano…

A todos los compañeros camaradas y amigos de la vieja clase
A los que he conocido y a los que no he conocido
fuesen cuales fuesen sus tradiciones…

A los que nos precedieron y cambiaron el mundo
A los que dieron su vida y a los que permanecieron en silencio…

A mi abuelo Matías (humilde trabajador asesinado a conciencia…)
A mi abuela Lucía (una de esas mujeres de negro que vivió
y murió en silencio…)

A los nuevos esclavos que buscan su propio alfabeto
con el que descifrarán y entenderán su vieja explotación…

A los viejos trabajadores que no entendieron nunca el suyo
y que vivieron y murieron como siervos…

A los que no entienden aún: pero entenderán un día…

A mis hijos: buscadores de sílabas…

A mis nietos: tal vez, las palabras del futuro…

A todos nos digo…

Mirad/miremos…
Atrás…

En nuestro/vuestro cansancio y vencimiento…
Encontraréis/encontraremos…
Quizás…
Algunas de las sílabas del nuevo alfabeto…
Que buscáis…

Que buscamos…

LA CUARTA VOZ

En el escrito final, que cierra y concluye –desde un cierto afuera– este libro, se dice que en él se conjugan tres voces y se explica cuáles serían estas; pero no es del todo cierto, hay una «cuarta voz» *completamente externa, pero dialogante e integrada que, pocas veces, creo, se ha ensayado –al menos, de este modo–, incorporada completamente al poemario: al que, de alguna manera, reconstruye y determina sustancialmente.*

Esta «cuarta voz» *es la de siete poetas, compañeros y compañeras de distintas generaciones y condiciones personales, que dialogan poéticamente con el texto dado en origen, ese producto del gesto de autor que llevaba –y lleva, finalmente– por título* Réquiem y exaltación.

Las siete voces que respondieron a la llamada son las de María Ángeles Maeso, Esther Giménez, Ángela Martínez Fernández, Gsús Bonilla, Patricio Rascón, Fernando Barbero *y* Antonio Martínez i Ferrer; *trayectorias poéticas y edades muy diversas, pero todas voces ricas e intensas; compañeras y compañeros que me parecieron, por ello, interlocutores ideales para este diálogo tan pocas veces ensayado, pues, en ellas, se encuentran representadas, en diversas gradaciones, por supuesto, tanto la vieja clase, en estado puro, como la masa de nuevos proletarios y de esclavos precarios que están sustituyéndola –o la han sustituido ya– y que buscan su ser, personal y colectivo, en el imparable despliegue de la historia y de la lucha de clases.*

Gracias a ellas, a esta "cuarta voz", *el poemario adquiere una dimensión nueva, logrando acabar el adentro con los mimbres del afuera que nos contiene; una vieja aspiración de la poesía crítica y del arte libre.*

De dónde esta tristeza

De dónde esta tristeza

Si he nacido en la habitación limpia y soleada del mundo…
Si subí a todos los tiovivos de la infancia y reí y me lamenté
con los payasos…

Si se hizo la luz a mi paso…
Si amo y me aman…
Si me han querido siempre más de lo que yo
he querido…

Si la eternidad me espera en cada cana o en mi frente
y la enfermedad me respeta...

Si he transitado los caminos de Europa y he pernoctado
en sus fondas más acogedoras: cuando el cielo y
[la tierra
aún cambiaban de luz…

Si he fumado cientos de cigarrillos en las gasolineras
[de la noche…
Si te he encontrado al fin…

¿De dónde me llega esta tristeza…?

¿Del tiempo?

Del tiempo

O de la Historia…

La Historia es el tiempo de los hombres…

De los hombres: entonces…

De los hombres y del tiempo: o de la tristeza misma…
(en realidad) Del sentido de la tristeza…

…

Aunque quizás: este desconsuelo ya estaba en los tiovivos…
Y en el zureo de las palomas en los parques y
[en sus colas flabeladas…
Y en las papalinas infantiles que dejamos
[enterradas en la nieve…

Y en los payasos: sobre todo en los payasos…
Y en su ansia de muerte…

Poema del esclavo I

La luna cruza sola el firmamento

(de pronto) Una nube me exime de la belleza

. . .

¡Nube: ven!...

Sálvame de la luna: de la belleza…

Poema del esclavo II

La ira fragua pausada y lentamente…

La ira es parsimoniosa: y su curso sinuoso…

Pero nos alcanza al final: y es implacable…

…

Cuando la cerviz se enderece y no temamos
La contemplación de
La luna
De
La belleza

CUARTA VOZ. RESPUESTA UNO

PATRICIO RASCÓN

BONDAGE, 1939-2021

Incluso he visto gente, a las que,
habiéndoseles movido un poco
se la vuelven a colocar correctamente.
Antonio Orihuela

Cuando nacieron nuestros padres, los taparon con vendas y mordazas. Cuatro décadas después, les quitaron las vendas y las mordazas y les dijeron: *Sois libres.*

Pero ellos ya no eran nada.

Al nacer nosotros, no nos fue mucho mejor: bastó con saturarnos los ojos de imágenes y ensordecernos con palabras.

Nos creímos libres.

Ahora somos clase media.

I

UN CAPITAL RADIANTE Y UNA CLASE OBRERA DE REGRESO A LA CIUDAD DEL TRABAJO DIALOGAN EN LA NUBE

1

EL CAPITAL Y LA CLASE OBRERA SE ENCUENTRAN EN LA NIEBLA

… Keep you doped with religion and sex and TV,
And you think you're so clever and you're classless and free,
But you're still fucking peasants as far as I can see,
A working class hero is something to be…
A working class hero is something to be…
John Lennon

Sabrás que has muerto…
Que ahora sí eres ya un espectro que recorre el
mundo…

¿Un espectro…?

Sí
Un triste fantasma: pero ya no asustas a nadie…

Muerte. Morir. Vivir. Estar viva. Todo equivale a todo
en el inmenso lapso de la historia…

Palabras
Siempre se te han dado bien las palabras…

¿Palabras…?

Sí

Pompas de aire invisible repletas de más aire…
Hemos cambiado el curso de los ríos y hemos
[embalsado sus caudales…
Hemos movido montañas y roturado los valles…
Hemos encendido los hornos…
Doblegado el acero…
Cuidado de los ancianos de la casa y llenado las
[marmitas propias
y ajenas
de humo dolor y nada…
Hemos moldeado el mármol y el granito: construido
[mausoleos y ciudades…
Levantado templos: desviado caminos…
Talado bosques…
Sanado heridas y acariciado nanas…
Amontonado trigo y cebada: templado espadas y
[acuñado monedas…
Hemos lustrado los cantos jaspeados de los príncipes
[y las humildes baldosas
de los zaguanes…
¡No han sido solo las palabras!…

Nada al fin que os distinga de las máquinas…
O de las bestias y los brutos…

¡Pero no somos bestias!…
¡No somos máquinas ni artificios!...

Digas lo que digas: si vives. Vives en lo oscuro…

Abandonaste la lucha
Y las fugas duran para siempre: tu regreso es
[improbable
e infructuoso…

Me distraje un momento y me desperté en el fondo de una oscura sima…

Yo habito sin embargo la luz. Hago la luz: en realidad…
¡Nunca me fui!…

Incluso en la luz habita la oscuridad…

De verdad
¿No estás harta de tantas palabras…?

[Silencio]

Sí
Lo reconozco
A veces yo misma me canso de las palabras…

2

Y CONTEMPLAN LA CIUDAD DESDE LA CORNISA MÁS ALTA

¿Qué hacen ahí…?

¿No lo adivinas…?
¿No ves las interminables filas…?
Se dirigen a mis dominios: a la ciudad de la servidumbre…

Ah
Entonces es como a la entrada de las minas o de las
[canteras
o de las viejas fábricas…

Sí
Pero ellos no lo saben: ya no son tú…
Son parte de mí…

¿Cómo puede ser…? ¡Se dirigen a la ciudad del trabajo!…
¿Cómo pueden formar parte de ti...? Son trabajo:
[hacen
el mundo…

Pero lo han olvidado…
¿No percibes su renovada mansedumbre…?
¿No identificas la vieja obediente paciencia de los
[esclavos…?

¡No puede ser!...

Puede ser: querida...
En sus mentes ya no son tú...
En sus mentes ya solo estoy yo...

¡No entiendo!...

Han olvidado lo que son: creen ser otra cosa...

No entiendo. Si trabajan: si venden sus cuerpos y sus
[mentes
En pública almoneda...
Si no son dueños de sí mismos: ni de sus sueños o de
[sus horas...
¿Qué creen ser entonces...?

Los reyes de sus pequeños mundos
Los dueños codiciosos de sus irrisorias posesiones...
¿No has leído a Etienne de La Boétie...?
¡Míralos bien!...
¿No sientes desde aquí su alucinado entusiasmo...?
Contémplalos: parece que *no han perdido su*
[*libertad* sino que *han ganado*
su servidumbre[1]...

---

[1] Afirmación del escritor francés Etienne de La Boétie en su famoso *Discours de la servitude volontaire / Discurso de la servidumbre voluntaria*, publicado de modo completo en 1576.

Esas burbujas de metal en las que se dirigen a sus puestos…
Esas casitas multiplicadas hasta el infinito en el horizonte…
¿Son esas sus posesiones…?

Sí. Esas son…
¡Qué toscos y sutiles eslabones!...
¿Verdad…?
Pero solo si tienen suerte: solo al final
[de sus vidas…

¿Y la prole…?

No importa: ni yo ni ellos la necesitamos…
¡Hay manos de sobra!…

¿Entonces…?

La prole es una carga: un capricho o mera costumbre…

¿Costumbre…? ¿Carga…? ¿Capricho…?

¿Pero dónde te has metido –vieja amiga– todo este
[tiempo…?

¡No sé!... ¿Tú lo sabes…?
¿Me distraje…? ¿Me quedé dormida…?

¡Tú sabrás!... De eso hace mucho…
Mira: los cuidadores de jardines se lamentan en sus
[casitas…

El relente ha asesinado a las peonías: dicen…
¿Dónde estábamos…? Se preguntan: como tú…
¿No es gracioso…?

¡Habrá que decirles la verdad!…

¿La verdad…?

Sí. Una vez más.
Que no ha sido la escarcha helada: sino su descuido y
[el agotamiento…

¿Qué verdad…?
¡Ya no hay verdad que valga!…
La verdad se ha ausentado. Como tú… [risas]
Verdad. Mentira. Todo es lo mismo…

No.
Verdad. Mentira. No es lo mismo…

Sí: querida… Lo son: en mi reino sí…

¿Qué reino…?

El reino del Lucro y de la Mentira. ¿Lo has olvidado
[también…?

¡Nada nuevo!…
La mentira ha sido tu divisa por los siglos…

Ya lo sabes: entonces…
En mis dominios verdad y mentira se confunden…

¡Es solo una fugaz ilusión!...
Enviaré heraldos de la verdad que anunciarán su
[restitución…

Inútilmente
La ilusión es indestructible…
La verdad ya no importa: tampoco a ellos…
Repito: ¿Dónde has estado todo este tiempo…?

¡No sé!...
¿En la oscuridad que anega la luz…?

3

En las grandes avenidas se agitan los esclavos

¿Y esos: quiénes son…?

¿Esos…? ¡Esclavos también!…

¡Cómo se agitan de un lado a otro!…
¿No tienen un instante de sosiego…?
¿Cuánto dura su jornada…?

¡No tienen hora!… ¡Son gente precaria!…

¿Precaria…?

Esclavos: ya te lo he dicho…
Mercancía fugaz y transitoria…
¿No lo has oído…?

¿Pero no habíamos vencido a la esclavitud…?

Ya. Sí. Eso parecía: pero están las coyunturas
[históricas…
Ya sabes todo eso de las *coyunturas históricas* y
[todas esas palabras
que tanto te gustan… En fin: todo es
[reversible…

¿Reversible…?

Sí
Aunque se repita como farsa…
Eso de la *farsa* es tuyo… [risas]

Una farsa lamentable…

Así son las cosas y deberías haberlo comprendido hace varias *coyunturas*: por cierto… [más risas…]

Tu risa nos abate y acongoja…

Ya
Me lo imagino…

No. No puedes imaginarlo…
¿Aquellos…?

¿Quiénes…?

Los que llevan esas grandes bolsas a sus espaldas…
¿Quiénes son…?

¡Bah!...
Esos son pura escoria…
Trozos de carne andante: elementales *hominis sacris…*
Nuda vida sin valor…

¿Como los agolpados contra las alambradas: o en los
[túneles de agua...?
¿Como los viajeros de la desesperación...?
¿Como los vapuleados y los abandonados en las
[cunetas...?
¿O como los habitantes de la basura...?

Sí
Algo así: pero con velocípedos...

4

Y AL ATARDECER ALUMBRAN MIRIADAS DE MISTERIOSAS LUCECITAS

¿Y esas pálidas luces rectangulares…?
¿Por qué todos miran la palma de sus manos…?

Son clavo ardiendo para el dolor del fracaso y alivio
[del vacío…

Las portan como cirios: y van cabizbajos…
¿Se trata de un funeral…?

Algo así…

Resuena en su gesto la vieja inclinación servil de las nucas…

Sin embargo
Todos creen ser más libres.
¿Lo has visto…? No es fácil de explicar…

¿Para ti tampoco…?

Son como esclavos felices que no son felices…

¿Y qué hay de los jardines y de sus transparentes albercas…?
¿Y de esas hileras de casitas multiplicadas al horizonte…?
¿Y si un día levantan la vista y…?

Y si…
Y si…
Y si…
¡Basta de vanas imaginaciones!...
[breve silencio] ¡Basta de sueños dentro de sueños!…

¿Sueños o engaño…? No son lo mismo…

Sueños y engaño a un tiempo…
La muerte vigila desde lo alto del muro…
Sueños y engaño: todo es lo mismo…
La muerte nos mira y nos exige rendir cuentas…
Y nos pregunta: «¿No son acaso sutiles
[trampas todos
los sueños…?».

¡Todos no!...
¡Todos no!...

5

La clase obrera recuerda otros tiempos

Una vez pedimos pan y rosas…

Ahora ya os da igual: queréis solo pan…
Mejor sin rosas… (y mejor aún con una
[buena loto
o una buena apuesta en el garito
[de la esquina…)

[Silencio]
O depende de dónde estén las rosas…

¿Tan prolongada ha sido mi ausencia…?

6

Aún hay quien trabaja a estas horas

¿Y estos que parecen tan abstraídos e inquietos…?

Estos son los emprendedores…

¿Emprendedores…?
        ¿Qué han emprendido…?

Su tarea…
Mantener la rueda en marcha …

Sé que el *continuum* solo a nosotros nos incumbe…

        [silencio]
        Pero si comprendiésemos al fin…

Nada cambiaría…

Si comprendiésemos
        ¿Emprenderíamos –de nuevo– este camino…?

        ¿O iniciaríamos el camino del corazón…?
                O el del espíritu: tal vez…
                O el del placer y la templada orgía…

                [silencio]

O el de la pura y grata existencia: la
[desnuda alegría del ser…

¡Nada cambiaría!...

O el de la destrucción…

¡No insistas!…

Si no me hubiera perdido en la luz…
Si hubiera comprendido antes…

Oh
¡Si esto y si lo otro!… ¿No lo ves…?
¡No hay vuelta atrás!…

Y si la hubiera…
¿No iríamos acaso al encuentro de nuestra humanidad
[emprendedora
entonces sí de sueños…?

Vuestra torpeza y el agotamiento os lo impedirían…

Si comprendiésemos al fin…

¡Improbable!…

Es posible que…

¡Imposible!...

¿Emprenderíamos –de nuevo– el camino de la esclavitud…?

7

La clase obrera se lamenta

My brother could use a little mercy now
He's a stranger to freedom, he's shackled to his fear and his doubt
The pain that he lives in it's almost more than living will allow
I love my brother; he could use some mercy now...
Mary Gauthier

Todo es rutina y agotamiento a nuestro alrededor...
Dentro y fuera de nuestros cuerpos...
Dentro y fuera de nuestras almas...

[Silencio]
¿Para cuándo el descanso y la reparación...?

Los héroes de la clase obrera –que recuerde– no se
[lamentan: actúan...

No somos héroes: tan solo seres agobiados...

Por eso justamente: a los seres pequeños y agobiados
[la rutina os salva
y os consuela...

¿Nos consuela...?

De vuestra insignificancia...
La rutina os protege de la aterradora verdad...

Sí.
En eso acaso tengas razón...
Huimos del espanto del tiempo vacío. Y de las palabras...

[Silencio]
Y del pensamiento inoportuno...

8

El capital se pone filosófico / agotamiento y tiempo

Todo es rutina y todo agotamiento: te lamentas…
¿No ha sido ese siempre vuestro destino
[mecánico…? Claro
Diáfano y patente desde el principio…

¿Qué me dices de todo el tiempo que nos has robado…?
Tiempo para ser y pensarnos…

Tiempo. Pensamiento. No sabes lo que pides…
¡Me debéis el ciego y sordo sentido de la máquina!...
¿No lo ves…?
La rutina y el agotamiento os salvan del sinsentido...
¿Tengo que repetírtelo…? Os evito el vértigo
[de pensar…
Y el vacío del tiempo…

Ese vértigo y ese vacío son tuyos porque estás solo…
El tiempo tiene dos corazones…
Nosotros…

¡Vosotros!...
¡Vosotros!... ¡Yo!...
¡Nosotros!... ¡Tú!...
El vacío está en todos: es universal y nos atraviesa de
[parte a parte…

El vacío es la especie: se esconde en lo más profundo
[de lo que somos…
No importa si amos o siervos / máquinas o
[constructores…

¡No!...
El tiempo posee dos corazones…

Yo os evito pensar y os eximo de la trágica contemplación
de la belleza: de ese caer en el hondo pozo de oscuridad
y de horror… ¡Agradecédmelo!...
Me debéis vuestro cansancio y la exacción de vuestro
[tiempo
y de vuestros pensamientos…
Os salvo cada segundo de la terrible verdad…

¡No!…
Queremos los dos corazones del tiempo…

¡Estás loca!…
¡Dame las gracias!…
¡Qué sabéis vosotros / qué sabes tú del horror!…

El dolor y el sufrimiento han tejido nuestra condición…

El dolor y el sufrimiento os han salvado del horror…

Tú eres el horror: tu ciega codicia voraz y devastadora…
Nada creas y nada das al mundo: solo esa inmensa
[soledad
y vacío que te consumen…

¡Tú qué sabrás!...
¡No comprendéis!...

Sí
Comprendemos
El horror habita en la destrucción: nosotros
[edificamos el mundo...
El horror habita en la parálisis: nosotros movemos el
[mundo...

¿Eres estúpida o una ilusa...?
¿No los ves embobados: detenidos: paralizados...?

Sí
Lo veo. Veo todo. Y lo contemplo con dolor y rabia...

¿Entonces, por qué te fuiste...?

¡Volveré al camino!...
¡Rozaremos el monte!...
(Una vez más) Desbrozaremos
y abriremos las sendas...
¡Marcharemos de nuevo!...

Ilusa
Tú misma lo has reconocido: vuestros héroes han muerto...

Resucitarán
Y hablarán una nueva lengua: que ni tú ni yo
[comprenderemos...

¡Queda atento a los resalvos!...
¡Estallarán!...

Ilusa
La maldita esperanza te ciega...

9

La clase obrera protesta y recuerda de nuevo otros tiempos

... There's room at the top they are telling you still
But first you must learn how to smile as you kill
If you want to be like all the folks on the Hill...
John Lennon

No lo olvides. No te confundas...
Un día tuvimos orgullo: entrábamos al combate con la
[decisión
de los héroes...

Lo he leído por ahí...

¿Por qué entonces no...?

¡Porque no!...
Porque esos días pasaron sin remedio...
¡Son historia!... Y el miedo os paraliza: os hace débiles
y asustadizos...

Débiles
Miedosos: sí. Ni ciegos ni estúpidos...
Lo sabemos: sabemos nuestro miedo y
[escapamos de él...
Escapamos como un día escapasteis vosotros...
Sé también que lo recuerdas...

Sí lo recuerdo: recuerdo el filo de la guillotina y de las hoces
cortando y desgarrando…
Lo reconozco
Por un instante del largo tiempo de nuestro dominio
[tuvimos miedo…

Por un instante os visteis débiles: pero ni ciegos ni
[estúpidos…

Sé lo que quieres decir…
Pero ellos –míralos– se han rendido definitivamente…
Y la locura los asedia…

Nada es definitivo en el tiempo…

[Silencio]
Mi destino es palingenésico…

[Pausa]
¡He resucitado tantas veces!…

[Otra pausa]
Pero es verdad: la locura nos asedia…

¡Palingenésico!... [sonrisa]
Lo que te gustan las palabras…

10

CONSEJOS INTERESADOS DEL CAPITAL A LA CLASE OBRERA

... ¿Sabes qué te digo...? Dedícate mejor a la naturaleza...
... Mira qué hermoso arcoíris...
... Y esas amapolas como mariposas rojas...
... O todos los afluentes y sus turbulentas represas: de
[repente...
... O los bosques centenarios...
... ¿No ves cuántos arbolitos...?
... ¿Y esos maravillosos rosales...?
... ¿O los delicados espinos...?

... ¡Pan y rosas!...
... Sí
... Pan y rosas...
... Aunque haya dado esa impresión: no he
[olvidado
nunca las rosas...

... ¡Pero no esas rosas!...
... ¡Esas rosas no!...
... ¡Me refiero a las rosas de los poetas!...
[¡Qué obsesiva eres!...]
... ¿Es que no sabes cantar al amor...?

... ¡Tema universal!...
... Ya...
... Los famosos temas universales...

… Universales y eternos: querida…
… ¡Eternos!…
… ¿A quién no le gustan los poemas de amor…?
[Pero si quieres…
[No sé…]
… Si quieres sentirte cortante e incisiva como
[una daga…
… Si deseas sentirte rejón comprometido:
[dedícate al género…
… O a los accidentes de tráfico…
… O al cáncer o a una de esas raras enfermedades
que atrapan a los niños…
… Y hablando de niños: qué me dices de los niños de
[África…
… O de los niños ricos de Venezuela: los pobrecitos…
… Míralos cómo sufren…
… Esas cosas siempre gustan y nos hacen derramar
[lágrimas
de sana emoción…
… ¡Olvida todo eso de las clases y de sus luchas!…
… ¡Olvídate a ti misma!…
… Ya no hay clases…
… La historia ha concluido y se ha cerrado: con
[mi victoria por supuesto…
… ¡Corre!... [¡Ponte en forma!... Mira…] Dedícate a
[correr…
… ¡No importa a dónde ni por qué!…
… ¡Corre!... Dirígete al infinito o más allá…
… Corre por cualquier causa o por todas las causas…

… Lo sustancial es que te muevas: que corras
[no importa adónde…
[ni desde dónde…]
… No importa de qué huyas o de lo que trates
[de dejar atrás
o alcanzar…
… Mejor no esperar nada: no deber nada a nadie…
… ¡Corre!… ¡Ponte en forma!…
… ¿A quién le interesa ya la lucha de clases…?
… ¡Haz ejercicio!… ¡Come sano!… ¡Apúntate a
[un curso de cocina!…
… ¿No ves que lo que te obsesiona es un asunto ya
[zanjado…?
… Absolutamente *demodé*… (Que dicen los
[franceses: que saben de esto…)
… ¡Despierta: Lázara!… Te gritaría con ganas…
… Descansa y olvida. No interesas ya a nadie…
[¡Pero qué rancia que eres, compañera!…]
… ¡Corre!...
… ¡Come sano!...
… Y vístete en Decathlon: al menos. No
[me salgas hecha
un adefesio de mercadillo…
… Y hazte luego vegetariana o vegana…
… Me harás un favor: las acciones veganas
[apuntan alto…
… Como las del cáncer o la de los moribundos
[y los viejos marchosos…

… Y si no: lucha por el cupo paritario en los consejos
[de administración
del IBEX35…
… O en las finanzas…
… O en las carteras ministeriales o en las sedes
[parlamentarias…
… O en los cuarteles y en las listas de bajas: en
[los frentes…
[¡Aún mejor!…]
… ¡Cómprate un coche eléctrico!…
… Pero no preguntes de dónde salen las baterías…
[O mejor aún incluso…]
… Llévate a tu querida familia vegana…
… a tus veganitos y veganitas…
… O veganites…
… O veganitxs…
… O veganit@s... [Como más te guste…]
… Llévatelos: llévatelas...
… Llévateles…
… Llévatelxs…
… Llévatel@s...
… A McDonald's y pasáis una tarde estupenda…
… Que tienen unas hamburguesas
vegetarianas
[y veganas estupendas…

… ¡Basta de burlas!...
… ¡Salud es nuestro santo y seña!...
… ¡Salud camarada!...

… ¡Salud compañera!… Salud compañero: nos
[decimos…
… No gastamos bromas con la salud: de ella
[dependemos…

… ¿De qué mundo llegas: hermana…? Se reirán de ti…
… ¿Cuánto tiempo ha durado tu ausencia…?

… ¡No soy tu hermana!...

… ¡Hey!…
… ¡Con las cosas estupendas que hay que hacer!…
… ¡Con las cosas tan emocionantes y humanas que
[hay que tratar!…
… ¡La condición humana!...
… ¡La condición humana!...
… ¿Te olvidas de la condición humana…?

… No hay condición humana: solo relación de poder:
[clase…
… ¿Qué tengo que ver yo contigo: mi
[condición con la tuya…?
… ¿Qué la condición de Mengele y la de
[cualquiera de sus víctimas…?
… ¿Qué la de Bezos y la de un trabajador de
[Amazon…?
… ¿Qué la de Travis Kalanick y la de un
[conductor de Uber…?
… ¿Qué la de Amancio Ortega y la de una

[trabajadora bengalí
de Zara…?
… ¿Qué la de Ana Botín y la de una familia
[desahuciada
por el Banco de Santander…?
… ¿Qué la de Ángela Merkel o la de Christine
[Lagarde y la de una
de las miles de refugiadas en Lesbos…?
… ¿Qué la de un turista en Lesbos y la de otro
[de esos mismos miles
de refugiados en Lesbos…?
… ¿Qué la condición de una manada y la de
[cualquiera de sus víctimas…?
… No te empeñes / no os empeñéis: no hay condición
[humana…
… Solo relación de poder: clase…

… Dale que dale con la clase y las relaciones de poder…
… ¡La lucha de clases!… Ricos… Pobres…
[¡Qué pesadez!…
… ¡Lo humano!...
… Mira por lo humano… Lo maravilloso y
misteriosamente
humano…

… Por lo humano y su oscuro asombro miro yo…
… ¿Lo haces tú…?
… ¿Lo haces tú con toda tu traicionera y
[empalagosa palabrería…?

… ¡El que estaba harto de las palabras!…
… ¿Y lo masculino…? ¿Y lo femenino…? ¿Eh?
… ¿No está lo femenino y lo masculino por
[encima de la clase…?
… ¿Dudas…? ¿Qué me dices…?

… Mi femenino no es tu femenino. Mi masculino no
[es tu masculino...
… Clase Lucha Liberación Revolución son
[términos femeninos…
… Capital Lucro Poder Beneficio Rédito son
[términos masculinos…
… Es verdad…
… Pero Sumisión Explotación Esclavitud son
[términos femeninos…
… Sentido Sueños Porvenir Triunfo son
[masculinos…
… Poesía es una palabra de género
[femenino…
… Poema es una palabra de género
[masculino…
… La lluvia nos empapa de esperanza: la tempestad
[nos destruye…
… Señor es un término masculino…
… Señora es un término femenino…

… ¿Y qué…?

… Que solo la clase nos protege y nos ampara por lo

[que somos…
… Solo la clase nos hace fuertes…
… Solo la clase nos devuelve la memoria de
[nuestros héroes…

… ¿Y las heroínas…?

… ¡Pan y rosas!...
… ¡Pan y rosas!...
… Clase obrera: mi nombre es femenino…
… Solo la clase nos da sentido…
… ¡No me confundirás!…
… ¡No me distraerás!... Solo la clase nos devuelve
[nuestra condición…
… ¡La nuestra!... Digo bien. Nuestra condición
[de iguales…
… ¿Entiendes…? No la tuya…

11

La clase en estado de gracia

Afirma Primo Levi en su memoria del campo, Si esto es un hombre, *lo siguiente: «Os aseguro que es a Lorenzo a quien debo realmente la vida, y no tanto por su ayuda material, sino por haberme recordado, cuando con él estaba, con su sola presencia y con su manera tan llana y fácil de ser bueno, que todavía había en el mundo, más allá del lager, una esperanza de justicia, una esperanza de integridad y de pureza, un mundo no corrompido ni brutal, una pureza sin odio ni miedo, algo difícilmente comprensible e inefable por lo que merecía la pena hacer el esfuerzo de mantenerse con vida…».*

… ¿Quién era este tal Lorenzo…? Me dirás tú…

… Me lo imagino: uno de tus santos mártires ajenos a
[este mundo…

… ¡No!...

… ¿Entonces…?

… Tan solo un sencillo trabajador manual que conocía
[muy bien este mundo...
… Que lo conocía y no lo aborrecía…
… Ni aun en medio del inconmensurable dolor y la
[iniquidad absoluta…

… ¡Pamplina sensiblera!…

… Lorenzo era yo…

… Tú: claro… La vieja clase ausente… ¿Quién si no…?

… Sí: yo misma…
… Yo misma en estado de gracia…

12

VERDAD Y PROVOCACIÓN / SEGUNDO LAMENTO DE LA CLASE OBRERA

Yeah, we all could use a little mercy now
I know we don't deserve it but we need it anyhow
We hang in the balance dangle 'tween hell and hallowed ground
And every single one of us could use some mercy now
Every single one of us could use some mercy now...
Mary Gauthier

... Míralos. Mírate...
... Gordos obesos deformes y perezosos...
... ¿No los ves cómo se arrastran enfermizos y
[congestionados...?

... ¿Es acaso su culpa? Mi culpa...

... ¿De quién si no...?

... Contempla las viejas imágenes y las viejas
[fotografías...
... Nuestros cuerpos una vez fueron esculturales...
... Fibrosos: de músculos definidos y líneas esbeltas y
[hermosas...
... Empuñábamos segaderas dalles herramientas de
[hierro y martillos...
... ¿Qué nos ha pasado...?

… ¡Tú verás!…

… Salud era –te lo repito y lo sabes– nuestro lema y
[garantía…
… Una reverencia universal de la clase…

… Pues míralos ahora: fofos contrahechos y
haraganes…
… Ignorantes: incapaces de abrir un libro…
… Mira cómo pasean sus chuchos: tan obesos y contrahechos
como ellos…
… O tan enclenques y ridículos alfeñiques
como ellos…

… La curiosidad nos movía y nos empujaba al futuro…
… Observa nuestros gestos de entonces y los rostros
[de las viejas fotografías …

… ¡Bah!...
… ¡Patrañas!…

… ¡No!...
… El saber era nuestra aspiración…
… Debíamos cambiarlo todo con nuestra fuerza y
[nuestros conocimientos…
… Y doblegarte…
… ¡Y lo hicimos!…
… Por un momento lo hicimos: te sometimos…

… Por un momento: solo un instante…

… Tú lo dices…
… Mas con esos adefesios poco durarás ya en el
[cuadrilátero de la historia…
… Querida: desengáñate…
… ¡Estás muerta!…
… ¿No ves que solo quieren chuchos que pasear y
[centros comerciales…?
… ¡Chucherías!… [carcajadas: qué bueno:
[chuchos/chucherías…]
… Ah: y seriales en la tele…
… Justo lo que yo les ofrezco…
… Tú les exiges lo que no pueden dar…
… ¡Lo que no quieren ya!…

… No es solo eso. No puede serlo: roeles de sangre
[marcaron
por siglos nuestra divisa…

… ¡Son tan fáciles de satisfacer!...
… Y no te entiende: *roeles* vaya palabreja…
… ¡No te entienden!...
… ¡No te entienden!... ¿Lo entiendes tú…?

… Tal vez…
… Pero hay algo más. Debe de haberlo: rojo ha sido
[nuestro sino
desde la aurora del tiempo…

… Tal vez: dices. Te agarras a una ilusión…

… ¡Nada!... No hay nada más...
… ¡No seas ilusa!... Despierta de una vez…
… ¿No lo ves…?
… Tú les ofreces sueños y humo. Yo: realidades confortables…
… contantes y sonantes…
[*roeles*: no me extraña que no la entiendan…]
… ¡No hay nada más!… Lo repito…

… Sí: lo hay. Hay algo más: mucho más…
… Tus trampas son poderosas: lo reconozco. Y la
[muerte te acompaña…

… ¡Mira esos cómo corren!...
… Vaya. Mira. Son los nuevos esclavos que me han
[hecho caso
y se han puesto a correr…
… Algunos dicen que son *runners*… [risas]
… Y se cuidan mucho... En realidad para nada: lo
[reconozco…
… Qué estupendos os ponéis cuando os hacéis los
[cultos y los cosmopolitas…
… *Runners!*… [risas: de nuevo]
… ¡Qué majos!…
… La verdad es que algunos aún guardan algo de la
[vieja belleza que dices…

… Belleza…
… Otro tesoro que nos has robado: como el alma…
… Durante siglos las jóvenes hermosas corrigieron

[vuestra raza…
… Generación tras generación…
… Nos extrajisteis nuestra fuerza de trabajo y también
la oculta belleza de nuestros jóvenes: los cuentos
os ayudaron…
… Cientos de historias con hermosas campesinas seducidas
por príncipes galanes…
… Miles…
… Repetidas hasta la saciedad…

… Tú las escuchabas también: no solo las hermosas
[campesinas…
… Las hermosas obreras también se adentraron en el
[bosque…
… Y contentas se aventuraron y cruzaron el umbral
[de nuestros salones…

[Pausa]
… Es verdad: no lo niego…
…Fertilizaron nuestros lechos y reanimaron
[nuestra sangre
podrida…

… ¡Cómo no caer en la tentación!…
… ¡La necesidad!…
… ¡Cientos de historias oídas!… ¡De canciones
[cantadas!…
… La belleza como la llave mágica que abre la puerta
[de la ilusión…

… ¿Quién se resistiría…?
… *Al corazón noble vuelve siempre amor*[2]…
… ¿Recuerdas…?

… Sí. Con el canto del alba fue el despojo…
… Vuestros poetas nos la robaron: ellos y el cansancio
[extrajeron
de nuestras almas
la belleza…

[2] Verso de Guido Guinizzelli. S XIII. *Al cor gentil rempaira sempre amore…* (Traducción de Carlos Alvar)

CUARTA VOZ. RESPUESTA DOS

MARÍA ÁNGELES MAESO

EL VIEJO MUNDO SE MUERE

El viejo mundo se muere. El nuevo tarda en aparecer. Y en ese claroscuro surgen los monstruos, nos dijo Gramsci. Este *Réquiem* encara y nombra ese claroscuro, en el que vemos que la clase obrera ya ha muerto, que los nuevos sujetos de la historia aún no han nacido y que nuestro tiempo sigue siendo muy propicio para los monstruos.

CUARTA VOZ. RESPUESTA TRES

FERNANDO BARBERO

No leímos a Homero

Teníamos la esperanza.
Jamás nos rendíamos y volvíamos
a las calles. Los hicimos temblar.

Teníamos la esperanza
y la fe de que esta vez sí…
Que esta vez lo lograríamos.

La lucha era el pan cotidiano.
Teníamos la belleza y la luz con nosotros
y la pertinaz solidaridad de los hermanos.

Pero Homero lo advirtió: las sirenas cantan.
Leyes, votos, dinero y sonrisas falsas
nos derrotaron y bajamos los puños.

Compramos coches, casas y televisores de plasma.
Abandonamos la idea de clase
y descartamos la palabra dignidad.

No habíamos leído a Homero.

II

DIÁLOGO ENTRE HÖLDERLIN Y LA CLASE OBRERA

Para un criado ser feliz significa estar aletargado. ¡Ser feliz! Cuando me habláis de ser feliz es como si tuviera en la boca papilla y agua tibia. Aquello a lo que sacrificáis vuestros laureles y vuestra inmortalidad es tan estúpido y tan funesto. Oh, luz sagrada que sin descanso actúas en tu inmenso reino allí arriba y de cuya alma participo a través de los rayos que a mí llegan… ¡Que tu suerte sea la mía! De tus hechos se alimentan los hijos del sol, ellos viven de la victoria, se estimulan con su propio espíritu y su fuerza es su alegría.

Hiperión o el eremita en Grecia. F. Hölderlin

1

Al anochecer frente al edificio de la Bolsa

… Dime Friedrich: ¿Qué Objeto poético debe ser el
[Nuestro…?
El enemigo/Otro… O el enemigo/Nosotros…

… El Otro es Tú: es Nosotros…

… ¿El Lucro? ¿La Fuerza? ¿La Represión también…?

… El Otro es Tú: repito. Es Nosotros…
¡Saca el espejo y mira!…

… Sí Friedrich: Miro pero es tan desalentador verse así…

… ¿No es más duro aún el engaño…?
¡Valor: hermana!...

… ¡El Otro es un enemigo tan cómodo!...
¡Tan bien localizado!…

… ¡Y un hueso tan roído!…

… ¿Entonces…?

… ¡Valor: hermana!…

… ¿Y de los poetas: qué decir…?

… ¿De los vuestros…?

… Sí Friedrich: De nuestra poesía y de nuestros poetas…
¿Es posible una poesía cuya materia no sean los
[sueños…?
¿Y si la materia es la realidad/real…?

… ¡No hay otra posible!…

… Pero tú cantas a héroes y seres del pasado…

… Hiperión o Alabanda o Diotima o Grecia…
Y sus sueños…
Son seres tan reales y presentes como tú
[y como yo…
Son el pasado presente…

… ¿Dónde están nuestros dioses: nuestros héroes y
[semidioses…?
¿A quiénes cantaremos nosotros…?

… Un día: los tuvisteis…
Vosotros también habéis tenido vuestros titanes…
Y vuestros dioses y semidioses: habitantes
de un nuevo Olimpo humano…
… Aunque renunciasteis a ellos…
… eran héroes de cuerpos esbeltos y hermosos…

… ¿Y nuestra Grecia: nuestra Roma…?

… ¡Tuvisteis vuestra Grecia!…
… ¡Tuvisteis vuestra Roma!...
Y os las arrebataron: llorad su pérdida
o clamad por su restitución como yo hice
con la mía…

… Dime Friedrich: ¿Yo/Nosotros soy/somos entonces
[como Ellos…?
¿El Otro…?

… ¿Por qué escriben vuestros poetas…?

… Escriben a falta de una bruñida y afilada cuchilla en
[la guillotina…
O porque lloran una pérdida…

… ¿Comprendes…?

… ¡Ahora comprendo!...
Son como tú: sienten la misma rabia y el vacío
[de una pérdida…

… Sí: Hay tantas gargantas que seccionar…
Mejor las hermosas palabras…
Y los cuerpos esbeltos y la fineza de sus
[espíritus…
Y que recuerden –entre tanto– a sus héroes
[dioses y semidioses…

[Pausa]
… ¡Y recordad también a vuestros monstruos
[titanes!…

… ¿A nuestros monstruos titanes también…?

… Ya sabes: necesitamos de la memoria para mantener
[la vigilia…
Debéis manteneros despiertos mientras dure la
[noche…
Como las doncellas estaban alerta en la vigilia:
[yo te acompañaré…
Soy también habitante de lo oscuro…

… ¿Compartiremos esta humilde Bujía…?

… Sí. Y su vacilante irradiación…

2

En la torre de Tubinga frente al Neckar

… Friedrich: ¿Realmente la víctima es el reflejo del
[asesino…?

… ¿Quién sostiene la mano del asesino…?
Si el criminal es uno y las víctimas miles…

… Es cruel decirlo: y aún más aceptar que es el miedo
[de los miles…

[silencio: duda]
¡No!... ¡No lo puedo admitir!...
¿A dónde nos lleva ese camino: Friedrich…?
Las víctimas nunca deben ser responsables de
[su sufrimiento…

… No deben. Tienes razón…

… Eres duro e inmisericorde…

… En la Historia no hay misericordia…
Y tú no mereces: ni aceptarías la dulce mentira
[del Ideal…

¿O sí…?

… ¡No!...
… ¡Es cierto!…
Es preferible la cortante verdad…

… Que estamos gobernados por asesinos y que no hay
[esperanza…
O que el transparente venero de nuestra ilusión
[se ha corrompido…
O que las corrientes del tiempo han derrubiado
[las orillas
y arrasado las viejas tapias –tan endebles–
[que nos protegían…

… No: eso no. La desesperanza nunca…
Debemos ahondar un poco más y reclamar la
[fuerza de los justos…
No resignarnos y persistir: como los hijos del
[sol…

… No resignarnos: Friedrich. Sí. Como los hijos del sol…
No encogernos de hombros…
Y durar. Como esa oscura lenta e invencible
[corriente del Neckar…
Y hallar la fuerza de los justos…

[silencio]
Y la ira.
La santa ira oculta en los seres
[virtuosos…

… ¡Que el dulce Ideal o el Alma de la Historia te oigan!...
Vieja Clase…

3

DESDE AMBAS ORILLAS DEL CANAL DE CORINTO HACIA ORIENTE

Archipiélago[3]

¿Vuelven las grullas hacia ti, y dirigen de nuevo
los navíos su rumbo a tus orillas? ¿Acarician las brisas
[deseadas
tus tranquilas aguas…?

¡Mis ojos no lo ven, mi piel no lo siente!…

¿Florece Jonia? ¿Es tiempo ya?

Mis sentidos, sus terminaciones nerviosas, se
[han embotado…

Lo sé.
Aún no es tiempo de que los hombres despierten y los
[navíos arriben
Ni el de acudir a ti, Anciana… Sin embargo, en
[tu orilla,
mientras te lamentas o *en tu silencio te saludo…*

---

[3] Los fragmentos en cursiva siguen, en general, la traducción de Jenaro Talens de las grandes elegías de Friedrich Hölderlin en la edición bilingüe de la editorial Hiperión (2008).

Eres un ser bondadoso, Poeta del silencio…

Anciana. Poderosa, un día: vives futuro en mí, aunque
[yazgas derrotada…
Un día, cuando el nuevo alfabeto esté completo,
[alguien
preguntará, una vez más, por nosotros.
Y se dirán ilusionados unos a otros: *¿Florece*
[Jonia? ¿Es tiempo ya?

4

MEDITACIÓN Y EXALTACIÓN SOLITARIA DEL POETA

Regreso a casa[4]

Mucho le he hablado, porque, cuando meditan los poetas
o cantan, a ella *conciernen casi todas las veces o a los*
[ángeles…

Mucho he rogado por amor a ti, revolución, cambio,
[trastorno…

Y también mucho por vosotros, mis hermanos en el
[espíritu…
Los que estáis en el despertar, anunciándolo, *con el*
[pensamiento…

¡Regresa a casa, Diotima, y olvida la derrota!...
[Volverán los jardines
a florecer. Gloria de los poetas: de los trabajadores…

…

Ciertamente está cerca *la tierra nativa*: nuestro paraíso…

---

[4] Los fragmentos en cursiva siguen, en general, la traducción de Jenaro Talens de las grandes elegías de Friedrich Hölderlin en la edición bilingüe de la editorial Hiperión (2008).

Y no sin razón se para en el umbral quien cruzara las ondas como un hijo…
Y busca para ti tiernos nombres…

¡Oh santo paraíso de los poetas y de los trabajadores!...

Nueva Jerusalén de los sindiós: de los apóstatas: de los renegados: de los perjuros…
Nuevo Edén de los traidores: de los desertores: de los cobardes: de los prófugos…
Nuevo Walhalla de los cansados: de los agotados: de los derrotados: de los acabados…

Nuestra casa: al fin…

5

A LA MESA JUSTO ANTES DE LA OSCURIDAD

Pan y vino[5]

¿Me perderé definitivamente en la gélida noche…?
¿Me cubrirá el insultante fiemo del olvido…?

Del estiércol nacen la espiga y la vid tras el invierno
[helado…
Los ojos puros también aman la sombra algunas veces
y por el propio placer buscan el sueño, antes de que
[el sueño
sea necesario…

Nunca he buscado el sueño: el sueño me atrapó
[desprevenida…
O distraída… ¿En qué…? ¡No sé!...
No recuerdo el instante justo: solo el amargo
[despertar
sobre la ciudad del trabajo
y aquellas sinuosas filas de los nuevos siervos.
[Amanecía…
Era una lluvia constante y mansa…

[5] Los fragmentos en cursiva siguen, en general, la traducción de Jenaro Talens de las grandes elegías de Friedrich Hölderlin en la edición bilingüe de la editorial Hiperión (2008).

Mas la noche debe *concedernos*
la divina ebriedad del éxtasis y del olvido…

El éxtasis tuvo su instante…
El olvido ha aniquilado mi espíritu: ha arruinado
[mi fuerza…
En el olvido me hundiré: desapareceré
como un verso tuyo en las resmas
[infinitas que amontona
el tiempo. ¿Será para siempre…?

Las palabras
La memoria de los pocos
Nos ayudarán a *permanecer despiertos mientras dure la*
[noche…
Distinguiremos el humilde azófar y el orgulloso metal…

6

Transfiguración

Lamentaciones de Menón por Diotima[6]

MENÓN:
Salgo todos los días, siempre buscando un algo diferente…

DIOTIMA:
Sé que has pugnado con lejanas sendas, vientos,
[bosques, ríos,
cordilleras
y países, como un ciervo herido,
y que en nada has encontrado solaz, cura o
[descanso…
Y ahora gimes insomne. Yo solo me distraje un
[momento y olvidé…

MENÓN:
Dime, *¿nadie puede* quitarnos *de la frente este* dulce *triste
[sueño?*

DIOTIMA:
¡Nadie!… ¡Nada!…

[6] Los fragmentos en cursiva siguen, en general, la traducción de Jenaro Talens de las grandes elegías de Friedrich Hölderlin en la edición bilingüe de la editorial Hiperión (2008).

MENÓN:
No estaremos solos…
Algo apacible debe venir… ¡Alegrémonos por ello!…
… *desde muy lejos…*

DIOTIMA:
Sí.
Y lo divisaremos a lo lejos, más allá de las ringleras
de manzanos
mientras baja por la escarpada falda de la
[montaña
y atraviesa
con paso decidido los jirones de niebla…

CUARTA VOZ. RESPUESTA CUATRO

ÁNGELA MARTÍNEZ FERNÁNDEZ[7]

La clase obrera es una frontera llena de latidos
de corazones rojos que bombean
las entrañas de la tierra
y dan a luz a una niña
huérfana

Estos son los pensamientos que barrunto,
ya crecerán las semillitas que alimento.
Gata Cattana

Si digo
clase
en el poema
esclavos

---

[7] NOTA DE LA AUTORA. El texto que presentamos es una relectura, más bien un puzle, compuesto por retazos, palabras, ideas o sonidos de *Réquiem y Exaltación* –de ahí el uso repetitivo de la cursiva–. Se escribió el 24 de marzo de 2021, en un balcón de cinco metros cuadrados, en el barrio valenciano de La Torre, al otro lado del puente, allí donde la dictadura construyó una frontera (física y simbólica) para desterrar a los habitantes de la periferia al más puro silencio. Hablamos ahora desde los márgenes para condenar los privilegios impuestos con violencia, pero sobre todo para articular un mundo nuevo. Uno que nace en los balcones de los edificios rotos, en las raíces de la hierbabuena, en las mochilas enormes de los niños, en los barracones donde estudian, en el canto de los periquitos y en el olor de la comida que las mujeres preparan a mediodía y que trepa y trepa como una enredadera por las ventanas del barrio.

servidumbre
trabajo
obreras
explotación
si digo
hay facturas sin pagar
trazo una línea divisoria
impongo
un ritmo de lectura
una orientación
y quizá
seguramente
el alejamiento premeditado
de personas
a las que quiero
el desinterés más absoluto
y a veces la crítica
de otros a quienes
no quiero ni querré
pero cuyas palabras
construyen
el terreno de juego
donde vivimos
e intentamos sobrevivir

Si digo
sin embargo
amor / rabia / dolor
te quiero

ha muerto mi padre
no tengo tiempo
el tren va despacio
la duda se disipa
los rostros se relajan
se vuelven apacibles
se compran poemarios
para Navidad
se pintan versos
en el borde de las calles
e incluso
se gana dinero
porque nadie piensa
que hay alguien
hablando
de la *lucha de clases*

Es este juego de palabras
la diferencia entre
la sospecha
y el beneplácito
lo que nos convierte
en *fantasmas tristes*
hijas de un mundo desaparecido
renegado
incómodo
desagradable
ficticio
un mundo encarcelado

en los límites
del tiempo anterior
encapsulado
en una película
de ciencia ficción
que ni siquiera
está disponible
en las plataformas de entretenimiento

Por eso hemos puesto
un altavoz
en el borde del río
un altavoz enorme
que cuelga de la barandilla
que marca
el margen donde vivimos

por eso hemos escrito
un poema-altavoz

para ahuyentar a los *fantasmas* para que se escuchen
mejor nuestras quejas nuestros deseos de venganza
hemos perdido el miedo a leer en voz alta porque
tenemos la certeza el infinito convencimiento de que
también el llanto la soledad y el desconsuelo también
el cáncer de los padres los ansiolíticos la nevera
estropeada los hijos en paro las discusiones de pareja
y todos nuestros puentes
están cercados por

se nutren de
las fronteras
entre ellos y nosotros

por eso
desde *la ciudad del trabajo*
y la servidumbre
buscamos ahora
un nuevo alfabeto
otra modulación del grito
que no nos convierta en espectros
sino en *titanes*
en *combatientes*
que no nos expulse
ni nos niegue
ni nos tape la boca
con sacos enormes de amianto
con puentes a oscuras
sin postes de la luz

buscamos ser cascarón
raíz
embriones
manchados de sangre
pues *rojo ha sido nuestro sino*
desde la aurora del tiempo
y rojo será el alfabeto
que nazca del espejo

donde nuestras madres
no se pintaron la comisura de los labios
porque
para fregar suelos
a las seis de la mañana
una no tiene tiempo
de tocarse la cara
una no tiene tiempo
de notar que debajo
de la octava vértebra
ha nacido un quiste enorme
que interrumpe
la vida

Cuál es el valor de nuestros muertos
preguntan desde el fondo de la sala
y un eco sordo
responde:
en el hogar futuro
ni siquiera la muerte
puede medirse
con la palabra "valor"
por eso debemos buscar
un código nuevo
reventar a patadas
el tablero de palabras
las narraciones que nos matan a sangre fría
por eso
debemos ser

releídos
arrasados
deshechos
resignificados

atravesadas

por una sinfrontera
un territorio de imaginación fecundo
que nos devuelva a las madres
que nos permita decir
con los labios secos
me han dado el finiquito
el niño no tiene pijama
ayer te vi con ella
he metido el pan en el horno
y que nadie huya nunca
de este poema-altavoz
que nadie se marche sin girar la cabeza
y tartamudear las letras
de un alfabeto que nos pertenezca
y nos permita
ser
de nuevo
posibilidad

III

1732 ERRORES. ERASURE POETRY DIÁLOGO

Erasure poetry, *también conocida como* blackout poetry, *es una forma de encontrar poesía donde no la hay, borrando, desvaneciendo, recontextualizando u oscureciendo partes, palabras y fragmentos de un texto, para alumbrar y descubrir, así, entre sus escombros, un texto completamente nuevo.*

■■■ reguetón: "Bááájale, Rosalía" ■■■ palabras ■■■ polémica en la red social ■■■ grave error ortográfico ■■■ sorpresa escrita ■■■ La Real Academia Española [de la Lengua] usuaria de Twitter ■■■ Si se repite la vocal ¿Quééé? ¿Sííí? ¡Ratóóón! ■■■ la RAE en un tuit ■■■ Una oleada de memes [¿y la realidad, RAE[L]? ¿Lleva tildes?] ■■■

...

... ¡rebelióóón!...
... ¡revolucióóón!...
... ¡insurreccióóón!...

(... también llevan tilde: por cierto...)

■■■ centro Quirón Salud Madrid ■■■ triple "bypass" aortocoronario ■■■ clínicamente estable, afebril ■■■ heridas quirúrgicas ■■■ cicatrización ■■■ exploración ■■■ contractilidad ■■■ ha añadido ■■■ gerente territorial ■■■ Quirón ■■■ Lucía A ■■■ parte médico ■■■ El anterior jefe del Estado operado un día antes, en horas [días, años, tal vez] aortocoronario/as ■■■ Abandonó intervención [golpe] fenomenal «tuberías y cañerías nuevas» ■■■ «un camión [una vida, un país] por encima y para delante ■■■» contento ■■■ familia real ■■■ hospital madrileño ■■■

El laboratorio municipal

■■■ ha concluido el análisis del chorizo ■■■ el equipo [negativo] de inspectores –para (l)isteria del gobierno ■■■ No obstante, se espera ■■■ chorizo que permita confirmar ■■■ España ■■■ [fracaso] contaminada ■■■

■■■ migrantes ■■■ bordo ■■■ buque ■■■ Armada ■■■ 'Audaz' ■■■ voluntad ■■■ asilo ■■■ España ■■■ primera atención y una mujer ■■■ CATE ■■■ SER ■■■ Nacional ■■■ dactilar ■■■ ACNUR ■■■ y Frontex ■■■ objeto ■■■ *conocerles* ■■■ asilo ■■■ España ■■■ y han salido del CATE con esta voluntad ■■■ 14 hombres y una mujer, siete nacionalidades: cuatro de Eritrea; tres de Sudán; tres de Gambia; dos de Ghana; uno de Nigeria; uno de Liberia, y uno de Etiopía ■■■

■■■ 8:40 ■■■ buque 'Audaz' ■■■ Armada ■■■ San Roque ■■■ Pozallo / Sicilia ■■■ procedimiento habitual ■■■ mantas, alimento, ropa limpia ■■■ ducharse ■■■ familias ■■■ reconocimiento médico ■■■ atención psicológica ■■■ asistencia psicosocial suma importancia portavoz de Pro Derechos Humanos ■■■ "necesitan recuperar autoestima sentirse seguros: autonomía ■■■ autoestima ■■■ vida digna" ■■■ mostrador de identificación ■■■ área infantil con juegos ■■■ identificados por la Policía ■■■ ACNUR ■■■ información ■■■ protección internacional ■■■ urgente ■■■ documento ■■■ protección internacional ■■■ Después ■■■ autoridades darán fecha ■■■

...

... darán fecha... (¿de caducidad...?)

El progreso de la mujer / A propuesta de la ministra de Defensa

■■■ previa deliberación del Consejo de Ministros ■■■ Vengo en promover al empleo de Teniente General del Cuerpo General del Ejército de Tierra al General de División don ■■■ Dado en Madrid ■■■ Resolución ■■■ de abril ■■■ selección ■■■ ingreso ■■■ centros docentes ■■■ ingreso directo y promoción ■■■ incorporación ■■■ Cuerpos Comunes ■■■ anexo III ■■■ formas de ingreso directo y promoción ■■■ militar de carrera ■■■ Escalas de Oficiales del Cuerpo ■■■ base común duodécima ■■■ referida resolución ■■■ presidentes ■■■ Órganos de Selección ■■■ a la Directora General de Reclutamiento y Enseñanza Militar ■■■ actas con la relación definitiva ■■■ publicada por la citada autoridad en la página web ■■■ y, posteriormente, en «Boletín Oficial del Estado» ■■■ En uso de competencias ■■■ atribuidas ■■■ en ■■■ disposición cuarta de la Resolución ■■■ y de conformidad con bases duodécima y decimotercera de la misma, dispongo: Primero ■■■ anexo a esta Resolución, ordenados ■■■ 1.1 Ingreso directo ■■■ 1.2 Ingreso por promoción ■■■ [FIRMADO] La Directora General de Reclutamiento y Enseñanza Militar ■■■ ANE

…

… ¿cómo se escribirá carne de cañón en femenino…?

1. El proyecto a que se refiere la presente Resolución se encuentra comprendido en el Grupo 7 «Proyectos de ingeniería hidráulica y de gestión del agua», en el apartado d) «Plantas de tratamiento de aguas residuales cuya capacidad sea superior a 150.000 habitantes-equivalentes» del Anexo I de la Ley 21/2013, de 9 de diciembre, de evaluación de impacto ambiental, por lo que, habiéndose sometido a evaluación de impacto ambiental, con carácter previo a su autorización administrativa, de conformidad con lo establecido en su artículo 7.1, procede formular su declaración de impacto ambiental, de acuerdo con el artículo 41 de la citada Ley. De acuerdo con lo establecido en el artículo 7.1.c) del Real Decreto 864/2018, de 13 de julio, por el que se establece la estructura orgánica básica del Ministerio para la Transición Ecológica, corresponde a la Dirección General de Biodiversidad y Calidad Ambiental, la resolución de los procedimientos de evaluación de impacto ambiental de proyectos de competencia estatal ■■■ A.2 Descripción del proyecto: Objeto y justificación. Localización. Descripción sintética. Alternativas. A.2.1 Objeto y justificación ■■■ Según la documentación aportada, se adopta una

población horizonte de 119.660 habitantes (año 2041) obtenida del estudio de población mediante el método del MOPU. Teniendo en cuenta esta población y aplicando una dotación de uso urbano e industrial, se estima que el caudal medio que recibirá la EDAR es de, aproximadamente, 33.000 m3 /día. El objetivo final es que el efluente cumpla con lo dispuesto en la Directiva 91/271/CEE, sobre el tratamiento de las aguas residuales urbanas, y por ende, con las exigencias del cve: BOE-A-2019-12116 Verificable en http://www.boe.es BOLETÍN OFICIAL DEL ESTADO Núm. 195 Jueves 15 de agosto de 2019 Sec. III. Pág. 91427 vigente Plan Hidrológico de la parte española de la demarcación hidrográfica del Tajo (PHDT) y del resto de la normativa sectorial aplicable ■■■ A.2.3 Alternativas. En el estudio de impacto ambiental (EsIA) se plantean las siguientes alternativas del proyecto: a) Alternativas de emplazamiento: Se pretende unificar las aguas residuales procedentes de las diferentes cuencas vertientes de la ciudad en un único punto de vertido. Para ello, se proponen tres alternativas de emplazamiento ■■■ el emplazamiento A, es el que ocupa la actual EDAR ■■■ pero ampliado, y las soluciones B y C que estarían situadas aguas abajo ■■■ desde la depuradora existente, a lo largo de 1,5 km. Se debe tener en cuenta que la mayoría de las actuaciones como las impulsiones desde la EBAR ■■■ la adecuación del tramo de la ribera ■■■ y los tanques de tormentas, serán comunes para las tres opciones. Concretamente: Alternativas de emplazamiento Descripción Alternativa cero. «No actuación». Se mantienen las condiciones actuales de explotación. Alternativa A. Renovación de las instalaciones existentes, ampliando la superficie ocupada por la EDAR ■■■ en la ubicación actual con los terrenos aledaños. Se proyecta la renovación de parte de la red de colectores, Norte y Sur, sin proponer nuevos trazados. Alternativa B. Construcción de una nueva EDAR a unos 600 m, aproximadamente, aguas abajo de la EDAR existente ■■■ en su margen izquierda. Se proyecta la renovación de parte de la red de colectores (Norte y Sur) y la construcción y la instalación de un nuevo colector por gravedad de unos 780 m lineales, que transportará el caudal desde el punto de confluencia de los colectores Norte y Sur hasta la nueva depuradora. Alternativas C. Construcción de una nueva EDAR a 1.600 m, aguas abajo de la EDAR actual, junto al cauce ■■■ en su margen izquierda. Se han previsto dos opciones: Solución C1: Se mantiene el colector Norte hasta un punto donde daría comienzo una tubería nueva de 1.200 mm de Ø nominal. El colector Sur se renovaría como en las alternativas anteriores hasta el emplazamiento de la EDAR actual, posteriormente discurriría paralelo al río ■■■ hasta su conexión con la futura EDAR, mediante un nuevo colector. Solución C2: Es similar a la anterior modificando el tramo procedente del colector Sur. Se plantea una impulsión desde el emplazamiento de la EDAR actual hasta su entronque con las aguas del colector Norte, transportándolas conjuntamente a través de una galería de ancho de 1.500 mm hasta la nueva EDAR ■■■

2. ■■■ La agencia gubernamental que administra la Gran Barrera de Coral de Australia ha pasado a calificar su condición de los corales de "mal" a "muy mal" debido al cambio climático, la sobrepesca y el desbroce de tierras, lo que podría poner en peligro su condición de Patrimonio Mundial. Este arrecife es el mayor del mundo, se extiende por más 2.300 kilómetros y alberga 400 tipos de coral, 1.500 especies de peces y 4.000 moluscos. El informe de condición de la Autoridad de Parques Marinos de la Gran Barrera de Coral (GBRMPA según sus siglas en inglés), que se actualiza cada cinco años, ha descrito una "muy mala" imagen por la decoloración generalizada de los corales, la pérdida del hábitat y la degradación causada por el cambio climático inducido por el hombre, así como por la sobrepesca, la mala calidad del agua y la limpieza de tierras. "Este informe llama la atención sobre el hecho de que las perspectivas a

largo plazo para la Gran Barrera de Coral son muy malas, lo que se debe al cambio climático", ha explicado a Reuters el jefe de científicos de GBRMPA ■■■

…

… ¿Que qué tenemos que decir, a todo esto, los esclavos…? Nada. Si, a nosotros, con tal de que tengamos algo que beber y algo que hacer en 2041, nos basta…

… ¡Preguntad!...

… ¡Sí!... ¡Preguntad por ahí!…

… Además, Australia nos cae como que muy lejos…

… ¡A quién le importa Australia!…

… ¡Y el coral!...

… ¡Eso digo yo!... ¿Para qué sirve el coral…?

… Eso es cosa y capricho de ricos, ¿no…?

CUARTA VOZ. RESPUESTA CINCO

GESÚS BONILLA

PATRIA

... Ya lo sabes: no tenemos aún voz ni alfabeto...

Patria

nacerán

Y se desarrollarán
en la manera más sorprendente
de expresar el amor

Y se reproducirán

de igual modo
que una ametralladora de guerra
expulsa vainas a fuego

Y caerán en la tentación
Y repetirán
los mismos horrores

Y morirán

como lo hizo su madre de oro
en la próspera probeta
del laboratorio

Y
vendrá
la religión
Y
la secta

Y
el colectivo político

e imaginarán un líder

Y organizarán un cántico
Y lloverá

lloverá
muy fuerte
Y volverá

a salir
el sol

Y alguien
cegado, señalará
con el dedo
índice
hacia él

Y
señalará

la culpa
Y
el asco

Y
la náusea

Y
el afecto

Y
la ternura
Y
el odio

Y
por fin
el llanto

Y
clavará
su duro puñal
en el pecho

Y
perderá
su posición vertical
hasta dar

contra el suelo

Y será
absorbido
por microorganismos

Y nuevos
micelios

Y
nacerá

IV

LOS QUE BUSCAN A CIEGA [SERES MADREPÓRICOS] SE DIRIGEN AL AUTOR

Fragmentos del alegato y lamentación

1

… No te esfuerces ni disimules: a ti tampoco te
[importamos…
(para ti también somos invisibles…)

… Crees que nos ves: pero no nos ves…
… Crees que tenemos el mismo amo: pero no lo
[tenemos…

… Nosotros somos nuestros amos: el esclavo se
[somete a sí mismo…
… Nos hemos ganado a pulso nuestra servidumbre…
… Él lo sabe. Ella no lo sabía: ahora lo sabe (también…)

… ¿Lo has comprendido ya tú: al fin…?
… No hay diálogo posible (salvo tú contigo mismo: tú
[nos tienes en tu cabeza…)
… No hay enemigo fuera de nosotros: no lo vemos…

… Pero haznos un favor: no nos compadezcas…
… No nos humilles tú también con la mirada de tus amos…

…

2

… ¿Con quién entablarás entonces este diálogo imposible…?
[Tú
lo has dicho: no tenemos alfabeto aún y las voces
[son infinitas…

… Seres que buscamos a ciegas: dentro de ti... (¿no
[seremos tú…?)
… Ciegos que guiamos (que guías) a (otros) ciegos:
[dentro de nosotros…
(dentro de ti…)
… ¿Encontraremos (encontrarás: te preguntas) un día
[nuestro (tu) lugar…?

… Y nuestros (tus) sueños ¿nos esperarán…?

[pausa imposible]
… ¿O será tarde para soñar…?

…

3

… Somo seres madrepóricos: inabarcables aún…
(nos dicen/nos dices…)
… Informes: en apariencia. Multiformes: en realidad…

… Nos arracimamos en las aceras: en las calzadas y en
[disimuladas
pensiones
y burdeles
en ajedrezadas fachadas voladizas
en las oficinas y en los bufetes: en los talleres
y en las universidades
en habitaciones solitarias: delante de una
[pantalla (o no: sin pantallas posibles…)

… Vamos a pie o sobre velocípedos prestados: en
[vagones repletos
o fumando y divagando –solos: en nuestros
[autos– ensimismados
y perdidos en nuestros laberintos…

… Extrañamente hermosos (dices) en nuestra
[languidez: en nuestro incrédulo desaliento…

…

4

… Ya lo sabes: no tenemos aún voz ni alfabeto…
… Has sido tú quien has hablado por nosotros: y te
[has traicionado…
(una vez más / robándonos lo que somos…)

… Nunca has sabido guardar tu palabra…

… Ella sí (incluso en la orilla de la muerte: ha sabido
[mantenerla…)

CUARTA VOZ. RESPUESTA SEIS

ESTHER GIMÉNEZ

OVEJAS INALÁMBRICAS AL FINAL DE LA TELEJORNADA

A esta hora del día, a estas alturas,
ya solo quiero hablar desde las tripas.

Me duele la materia más gris y más triste
después del telecurro
y me cuesta invocar el seso/sexo
que salpique un poco de purpurina rosa
el nuevo/viejo/eterno precariado.

Estas tripas de ayuno intermitente,
de hambre intermitente,
muy del rollo *millennial*,
me piden darle sangre al corazón,
ponerle vino rojo y sexo húmedo
a esta noche en que Safo me susurra
invocada por ti
–qué hilos tan extraños, inalámbricos,
los que nos comunican,
de la trinchera al canto de sirena–.

Pese al tedio celebro con el licor en los labios
que no hay esclavx que no se ablande al tacto
detrás de las pantallas.

Que hay héroes y heroínas en los márgenes
al menos por un día.

Que por fortuna vienen bocas frescas
a contagiarnos
con aliento y palabras suprarrecicladas.

A estas horas ya,
borracha de luz azul y tedio seco,
me amodorro en mi colcha de versos *vintage*,
muy del rollo *millennial*,
y me arrastran los sueños inalámbricos
de materia que siempre se transforma.

V

LA SOLEDAD

Mientras en esta ciudad parpadean las pantallas
con pornografía, vampiros de ciencia ficción
y asalariados doblándose bajo el látigo,
también hay que caminar… nada más, caminar
entre la basura mojada, con las crueldades
de nuestros barrios en primer plano…

Veintiún poemas de amor. Adrienne Rich

1

Soledad es una hermosa palabra: y una hermosa
[tentación para
las almas vagamente poéticas
o suicidas…

Pero
Reconocedlo
Detrás del bello concepto solo se esconde ese doloroso
encogimiento del corazón
y el insidioso y redondo vacío en la boca
del estómago
que tan bien conocéis…

O esa rectangular blanquecina impura luz de las
[ventanas
a la nada…
O las sandalias tiradas por el suelo: junto al raído
[osito de peluche…
O las sábanas revueltas…
O esa ausencia helada en la almohada…
O el aviso de la ITV: junto al televisor con viejecitas
[encantadoras
probando sillones mágicos y maquinitas
de masajes relajantes…

O el aviso del subsidio: sobre la encimera de la cocina

[junto a los vasos rotos
y el miedo a abrir la puerta…

A este lado: lo sabes ya…
Ni un gramo de la espesa y grávida hermosura de la
[palabra soledad queda en pie…
Y apenas alguna imprecisa huella de las almas
[vagamente poéticas o suicidas…

Solo la ausencia helada
Y el traicionero y redondo vacío en la boca del estómago…

Que tan bien conoces…

2

Yoshiki de *X Japan* dice que el tiempo pasa…
Que el cuerpo envejece…
Que lo único que permanece es el dolor…
Seguramente el dolor de vivir…
De sentirse vivo…

Pero es la soledad…
…

Es la soledad
El tiempo ha pasado: el cuerpo ha envejecido…
Lo único que ha permanecido fiel a sí misma
Inmutable
Ha sido la soledad…

Una vez creí que cuando Cavalcanti anunciaba que
[solo los amantes
Los que aman o han amado
Comprenderían lo que él diría acerca del amor
Pensé que era una pura superchería idealista y
[burguesa
Que la falta de experiencia no es obstáculo para la
[comprensión
Y el entendimiento…

¡Estúpido presuntuoso!…
Ya entonces debería haber sabido que solo los que
[están solos

Comprenderían lo que escribí acerca de la soledad…
Sí
Aquello de que morimos como vivimos…

Solos
…

Y así es
Solo los cercados por la soledad comprenderán…

Pero / dudo…   ¿Comprenderán los que se
[dirigen solos en sus burbujas
metálicas
a la ciudad del trabajo…?

¿La soledad de los trabajadores se parece
a la soledad de los amos…?

3

Hijos del trabajo
No tengo la voz de los que me precedieron…
Ni en la nuestra o en las otras lenguas de la soledad…

No soy el viejo Whitman ni Adrienne Rich
Ni menos aún el trágico y sincero Vladimiro: no tengo
[la mirada
De Kollontai…

Tampoco tengo la gracia para la pedagogía del viejo
[Bertolt
Ni la paciencia del compasivo Weiss o de la invencible
[Rosa…

Y qué decir del carisma del camarada Miguel o de la
[camarada Teresa
Tampoco gozo del magisterio profético de don
[Antonio...

No impostaré jamás sus voces: ni la de un Salvat-
[Papasseit
O la de los humildes Leiras o Salvochea: ni la tierna
[aguda dureza
De Blas o Gabriel o Ángela…

Pero debajo de estos sucios glaucos celajes de percalina
sobre las aceras

o bajo los puentes: en los túneles de la ciudad
[de la servidumbre
Aún os amo lo suficiente como para deciros (justo
[antes
de odiaros irremediablemente...) que ahora
[antes del fin sin más dilación
os abracéis a un árbol: que cerréis los ojos
y que busquéis
la puerta abierta del tiempo infinito...

Y que no olvidéis los sueños...

Los sueños abrazadlos también: los necesitaremos...

4

Qué nos diremos en medio del cansancio…
Agotados como estamos…
Solos
En medio del ruido del mundo…

¿Haremos caso de los poetas y de sus hermosas
[palabras…?

¿Te dejaré ir y así me demostrarás tu amor…?
¿Nos encontraremos en las mansas gotas de lluvia que
[empaparán
nuestras melenas…?

¿No encontraremos
después de buscarla con tanto ahínco
ninguna palabra que exprese nuestra mutua
[adoración…?

Nos diremos ¡No hay palabra que la exprese!...
¡Estamos solos!...

Nos diremos Contemplemos el acerado cielo invernal
[tachonado de estrellas
desde el viejo sillón abandonado de la casa
de enfrente o el horizonte azul del mar…

O caeremos exhaustos mirándonos con estas miradas
[perdidas...

Y las facturas sin pagar...
Y las facturas sin pagar...

5

El amanecer como la noche no tienen misterio ninguno para nosotros…

Llevamos milenios recibiendo al día –solos: entre millones– desde nuestros puestos de trabajo o desde nuestros lugares de servidumbre…

La poesía del alba solo está en vosotros que dormís en ese instante y que cuando por un casual despertáis y lo contempláis –como sucede con los atardeceres– os arrebatan…

El estro poético os sacude entonces porque estáis descansados…
Porque lo contempláis todo como lo excepcional no como lo cotidiano y lo repetido hasta la saciedad: horro todo de misterio…

La poesía no existe para nosotros si no es a nuestro lado: a ras de cansancio y de hastío… Y a ras de cansancio y de hastío no es fácil hacer poesía: ¿verdad…?

Para nosotros
La pálida luz del alba es una compañera más: como la amoratada luz del ocaso…
Buenas compañeras: buenas y fieles compañeras sin más…

6

Si miro a las fronteras y a los campos de batalla
o me asomo a las calles o a los tajos
y a las fábricas…

¿Por qué vuestros muertos valen más que los nuestros…?

¿Por qué vuestra muerte posee un aura que la nuestra
[no posee…?

¿Es vuestra sangre…? Que es distinta de la nuestra…
¿Más roja acaso…?
¿Más espesa quizás…? O más valiosa…

¿O es tal vez la belleza robada…? Ese vestigio
[inmaterial de las estirpes
de señores…

¿Se trata tan solo del número…?
¿Es que morimos demasiados de una vez…? Ya: es
[eso quizás…
Que no os podéis concentrar en la muerte de
[cada uno
de nosotros: uno a uno…

Nos encantaría morir como vosotros: de un modo
[tranquilo y digno…

O de un modo heroico / épico: a la vista de todos...

Nos encantaría que nuestra muerte anónima
[merecieran un *biopic* televisivo...
O un *best-seller*...
O un titular en el periódico: una noticia o una crónica
[nos da igual...
O un humilde poema: al menos...

Marie Colvin nos hubiese dado la razón desde Homs
Desde Bengasi
O desde Kosovo y Timor Oriental: o desde Sri Lanka
[y Sierra Leona...

Con su ojo oculto tras el parche sabía que nuestras
[muertes
Son también hermosas...

[... y granjean –a veces– muchos buenos
[premios al valor
periodístico
al contrario que los anónimos
y cotidianos
muertos
en los andamios o en las zanjas: o en el
[taller
y en los túneles o en las calles: como
perros sobre las calzadas...]

Y Gervasio Sánchez desde Sarajevo: desde Kosovo
o Sierra Leona (también) asentiría –tal vez–
[con una mirada y con
una mueca –quizás también–
indescifrables…
…

Hay otra explicación más sencilla y seguro que más
[acertada: aunque terrible…

Que ni siquiera para nosotros nuestros propios
[muertos sean importantes…
Que prefiramos los vuestros: más hermosos y
[oscuramente valiosos…

7

In this old house
We know there's more to this than there
The nation of the two
In this old house…
…/…
It's so good to be alone with you
It's so good to be open eyed
And they won't know us any more…
Madrugada

¿Y el amor?

¿Acaso no amamos? ¿Nos habéis dejado solo
la ilusión de una ilusión…? ¿El hueso vacío y
[seco
que se deja a un perro…?

¿Lo he olvidado yo también…? ¡No!... Ahora estamos
[solos: pero sé
que hemos amado bien…

Sé que hemos sentido la caricia y el consuelo del buen
[amor…
No esa engañosa ilusión vuestra: trágica e imposible…

Ni los pálidos fantasmas de Beatriz Laura u Ofelia…

Sé que una vez gozamos de la vida libre y del libre
[ímpetu del libre amor…

El mismo e irrepetible día…

Fue un breve instante: pero entramos al fin en la vieja casa
de puertas abiertas…

Fue solo un breve instante: pero alcanzamos el
[horizonte y divisamos
allí
la nación de los buenos amantes…

Y vosotros: con todo vuestro poder y noética
[dilección…
Y vosotros: con toda vuestra vanagloria…
Y vosotros: con todos vuestros caudales…
… imperios…
… mansiones y palacios…
con todas las casi infinitas historias
[contadas…
con toda la humillación infligida…
con todo vuestro inmenso vacío…

Vosotros jamás entraréis en la vieja casa del amor…

Ni conoceréis la simplísima felicidad del silencio
y de los ojos abiertos…

VI

CARTA DE DESPEDIDA Y RECUSACIÓN DEL MIEDO

En otro tiempo, oh, hermanos en la oscuridad, todo era diferente. Sobre nosotros reinaba la belleza, la belleza y la alegría. También estos corazones dominaban a los lejanos fantasmas del alma, y audaces y gozosos nuestros espíritus avanzaban y rompían todos los límites, mas cuando se detuvieron y miraron a su alrededor se dieron cuenta de que allí había un vacío interminable.

Hiperión o el eremita en Grecia. F. Hölderlin

Fecha: Primavera de 2020
Destinatario: La vieja clase obrera
Remitente: Mi corazón
Asuntos: Despedida / Recusación del miedo

Querida vieja clase obrera, hace algún tiempo que deseaba escribirte; ahora, al final de casi todo, me he decidido a hacerlo; y lo haré desde el corazón. Otros, mejores que yo, lo han hecho desde la razón.

Sé que te resultará extraño recibirla en un mundo en el que han desaparecido las cartas; en el que ya solo recibimos propaganda o notificaciones del banco, del ayuntamiento o multas de tráfico.

Más extrañas serán aún las palabras que contendrá, lo sé. Nos han vaciado las almas, nos han dejado secos los espíritus, y el saco de las emociones lo tenemos casi vacío. Lo han hecho poco a poco; unas veces, con violencia, otras, con el cansancio y el agotamiento físico y mental; otras, mientras tú andabas ausente, sin que apenas notásemos que se nos estaban llevando lo más precioso de nosotros mismos; sin darnos cuenta de que nos estaban robando la compasión, la piedad, la clemencia, la misericordia, la solidaridad, el mutuo auxilio, el amor de los nuestros y el amor de los otros.

Ya no sufrimos por la justicia, nos han hurtado también el sentido de lo justo, de la equidad y de la reparación; no somos capaces siquiera de imaginar la venganza, la justa venganza de los apaleados y vulnerados. Ya no nos mueve, como antaño, la ira, la justa y santa ira de los pobres, ni la furia, ni la rabia y el furor, esa santa rabia que han sentido por siglos los esclavos y que sentiste tú también.

Más allá de la tortura y de la disciplina, sus viejas herramientas, han sido la burocracia y la sutil propaganda del señuelo de lo posible, del *quizá un día*, o *tal vez yo*, o *y si me toca a mí*, o *yo soy bueno y cumplidor, por qué no a mí...* Y han sido todas esas gotas de mentirosas ilusiones, que han caído impávidas, constantes, inmisericordes, sobre nuestras almas, las que las han partido en dos y las han disuelto.

Por eso, acaso ya no entiendas lo que va en esta carta, probablemente, ya no puedas hacerlo; y que sea inútil esperar respuesta de quien se ha acostumbrado a la servidumbre, agotada por la espera o acostumbrada al disimulo, o a la simulación de emociones postizas, o vicarias, en el mejor de los casos.

Hemos desaparecido, o agonizamos en rincones apartados y olvidados del mundo. Los nuevos esclavos nos han adoptado; fíjate qué paradoja, nuestros hijos, a los que deberíamos haber dejado como herencia el orgullo de la clase, nos acogen entre la nueva servidumbre. Sí, de alguna manera, nosotros los hemos convertido, y nos hemos convertido –a uno y mismo tiempo con ellos– en esclavos, otra vez.

Cegados por el brillo verde del dinero y de la apariencia de vida, sin memoria de lo que fuimos, hemos dejado transformarse a nuestros hijos en parias: o en meras ilusiones de lo vivo. Y, en el reino de los parias y de la apariencia de vida, nos acogen, sin alegría, sin rencor, impasibles, inconmovibles, inanes e inánimes, vacíos de toda emoción real que no sea el deseo de sobrevivir a cualquier precio. Sobrevivir. No vivir.

Como bestias, eso sí, no tenemos precio. Somos bestias de carga perspicaces, muchas veces, capaces también de calcular las herramientas de la muerte, de operar las máquinas del terror, las mismas con las que nos aterrorizan y someten. Somos bestias inteligentes –en ocasiones, con apariencia de arte e ingenio–, pero, como mucho, al servicio del entretenimiento de nuestros amos.

Sin embargo, no lo olvides, un día, por un breve tiempo, fuimos diferentes, seres muy distintos a los que ahora contemplas; tuvimos –lo sabes bien– el alma llena, aunque los estómagos estuviesen vacíos, y los destinos de cada uno de nosotros los sosteníamos, todos juntos, en nuestras propias manos; entrábamos en la batalla con la decisión de los héroes; éramos seres libres y orgullosos, sin miedo; compasivos, piadosos y clementes con el igual, dispuestos a la lucha y al mutuo auxilio, solidarios. No nos avergonzaba la palabra trabajo, ni obrero: eran nuestros más estimados atributos.

La molicie y el miedo han sido nuestros enemigos mortales. La molicie y el miedo nos encadenan y nos vacían. El miedo nos hace peores de lo que somos. Miserables. Y ellos, nuestros amos, lo saben. Y con el miedo nos someten.

Nos dieron algo, en realidad, la ilusión de algo y, con esa nada, el temor de perder esos mendrugos caídos de sus manteles, ese pisito o ese chalecito pareado, ese cochecito o esas escapaditas de los findes, la matrícula, o las vacaciones, o la boda de los chicos, nos acobardan. Y la cobardía, lo sabes, en seguida, deviene en pereza, en flojera y mortal desgana.

Si fuese perder la vida. Si fuese perder la vida de los que amamos. Pero no se trata de ello, es el miedo a perder la nada. Nada. Somos pequeños, pero el miedo nos hace aún más pequeños.

Y, aun así, es tan fácil desprenderse, recusar el miedo, que hasta seres pequeños y desdichados como nosotros lo podemos conseguir. Son tan asombrosamente poderosas la fuerza y la libertad que se alcanzan, una vez liberados de todo temor. Es tan sorprendente y admirable la belleza del mundo, la belleza del dolor, del riesgo, del placer, de la derrota y de la victoria. Es tan prodigiosa e intensa la vida colmada y libre. Tú lo sabes.

No olvides, vieja clase, que un día emprendimos juntos y decididos el camino de nuestra liberación, que fuimos titanes de la historia e hicimos temblar los cimientos del mundo. Que no tuvimos miedo. Y derrotamos al Mal. Es bueno recordarlo en este oscuro eslabón del tiempo. Casi al final de todo.

Salud, hermana

POSDATA:
Por cierto, a la denominada clase media habría que recordarle que la vida no es limpia, que la vida mancha.

*** *** ***

PARALIPÓMENOS

EL AUTOR / GESTO DE AUTOR, EN REALIDAD / SE EXPLICA

En el poemario hay tres voces principales que no hay que confundir con el autor, pues este, ni siquiera como gesto de autor[8], *tiene por qué identificarse con ninguna de modo absoluto, en tanto supuesto ser real; aunque todas lo constituyen, en menor o mayor grado, en su* gesto.

Una sería la que estaría más cercana a su estatus: autor como gesto de autor*; pero, aun esa, es, al fin, una construcción poética. Lo mismo se puede decir de la voz de Hölderlin, la voz de la poesía moderna, del poeta herido a causa del mundo, por excelencia. La segunda voz es la de la* vieja clase obrera, *otra construcción poética: no es la clase real, pues tampoco existiría como tal, en términos ontológicos; solo habría existido como fenómeno histórico y como fenómeno poético, en este caso. La tercera voz es el* Capital, *que, como la* vieja clase obrera, *es o*

---

[8] El concepto *gesto de autor* procede del artículo de Giorgio Agamben, El "autor como gesto" (2005: "El autor como gesto", Profanaciones, Buenos Aires, Adriana Hidalgo, pp. 79-94.) en el que dialoga con el de Michel Foucault "¿Qué es un autor?" ([1969] 1994: "Qu'est-ce qu'un auteur?", Dits et écrits. 1954-1988, t. I, edición de Daniel Defert y François Ewald, París, Gallimard, pp. 789-821), al calor de la famosa proposición de Roland Barthes acerca de la muerte del autor ([1968] 1994): "La mort de l'auteur", Œuvres complètes. Tome I, 19661973, ed. de Eric Marty, Paris, Seuil, 1994, 491-495.

fenómeno histórico o construcción poética, y que tampoco define el gesto de autor *en su totalidad, aunque lo construye. Los* nuevos esclavos *no tenían voz, hasta que una lectora avezada e inteligente me lo señaló. No les había dado voz propia porque aún no poseen el alfabeto con el que dialogar históricamente; sin embargo, al señalármelo de un modo tan preciso y acertado, consideré que, en efecto, faltaba incomprensiblemente la expresión poética, en primera persona, de esa búsqueda a ciegas.*

Es evidente, así, que el autor, *en cuanto* gesto de autor, *es solo caja de resonancia de esas voces, que no es exactamente ninguna de ellas y es todas, a un tiempo; aunque con la que menos tendría que ver, creo, si el* autor *existiese, como tal, es con la* vieja clase obrera. *De alguna manera, este poemario es una despedida desde fuera, desde el* gesto *que contempla. Y ese* gesto *no desea arrogarse ninguna representación que no le corresponda.*

Si todas las voces dialogan entre sí, y todas con nosotros, autor *y* lectores, *y nadie tiene por qué identificarse con ninguna y, menos, el* autor; *este* Requiem y exaltación *sería, entonces – más que una serie de respuestas– una serie de preguntas y de sensaciones que quedan, al final de todo, en una despedida; sensaciones que están atravesadas por la melancolía, la rabia y la ternura. No se juzga, solo se constata un hecho, el fin de algo y el nacimiento de algo, y la permanencia de otro algo: esa línea de la historia de la sumisión y de la explotación de los más por los menos, que se reedita en cada coyuntura histórica de modo diferente, pero semejante. No es obligación de la* poesía, *ni del* gesto de autor, *dar respuestas o satisfacer expectativas, sino hacer preguntas, cuestionar, o herir, incluso; y provocar emociones y pensamientos: provocar una reacción, no dejar indiferente al otro. Y eso justificará tanto a la* poesía, *como al* gesto de autor.

A menudo, esa reacción es de malestar, fastidio e incomodidad, porque debe ser así; porque no hay alternativa cordial o alentadora a la vista. O, al menos, este mero gesto intermediario *no las vislumbra.*

Todo lector, *por lo demás, necesita contexto y, si no lo tiene, debe construirlo; si no, la escritura sería algo circular e irrelevante, la confirmación de lo que cada uno sabe ya de por sí. Por eso, a menudo, es tan dura e ingrata la escritura que exige del otro esfuerzo. Esto pasa con todas las artes.*

Las citas están seleccionadas e integradas en los poemas en que se usan de un modo tal que tengan sentido y se comprendan por sí solas, si se leen con atención, incluso las derivaciones y las resignificaciones de una parte de las mismas (por ejemplo, Diotima / Clase Obrera), con el fin de conseguir una resignificación aceptable, coherente con los expresado y comprensible. Lo importante, en cualquier caso, no es quién dice algo (sean Hölderlin o Yoshiki, de X Japan*), sino lo que se dice.*

La carta de despedida con la que se cierra este poemario es una carta escrita desde la pura emoción del gesto, *se avisa al inicio de la misma. Y va dirigida, sobre todo, a los viejos camaradas y a los que compartieron sus sueños con ellos. Es un sentido recordatorio de lo que, por un breve instante, fueron; pero también es una recusación del miedo dirigida a los* nuevos esclavos. *Porque, al fin y al cabo, no todo está dicho y el diálogo continúa, solo que el viejo alfabeto ya no sirve y el otro aún se está cifrando. ¿Llegará a tiempo? Quién sabe, quizás no o tal vez sí. Sea cual sea la respuesta, no nos queda otra, a los* nuevos esclavos, *que seguir indagando, buscando y tanteando cada sílaba o signo que creamos haber encontrado.*

CUARTA VOZ. EPÍLOGO NECESARIO / Y RESPUESTA

UN ENEMIGO FUERTE Y DESPIADADO

Por Antonio Martínez i Ferrer

En la actual situación de rápidas transformaciones socioeconómicas y de las múltiples formas de explotación y represión, así como por el estricto control de los sujetos en las modernas sociedades, a través de los grandes medios y dispositivos tecnológicos, la respuesta teórica para guiar los diversos procesos revolucionarios precisa de equipos multidisciplinares que establezcan los conceptos necesarios para una acción revolucionaria con sentido, pues los viejos, en gran medida, ya no valen.

La acción revolucionaria debe desarrollarse en función del conocimiento, esto es, de una radiografía lo más exacta posible de las diversas fuerzas que componen y conviven en el campo del trabajo y de la búsqueda de la subsistencia, así como de sus posiciones dentro del entramado productivo.

Determinar, mediante su estudio, el lugar que ocupan en los modelos productivos actuales estas fuerzas potenciales y su incidencia en la economía global nos permitiría activar aquellas que sean más necesarias e incluso imprescindibles para el funcionamiento socioeconómico del sistema, pues en ellas se encontrarán las condiciones que permitirían suscitar las nuevas vanguardias revolucionarias, sin las que solo queda el voluntarismo y el vago deseo de cambio nunca *materializable*.

El conocimiento de las fuerzas represivas del capitalismo, no solo de sus ejércitos o de la policía, sino también de los medios de comunicación, de las organizaciones políticas, instituciones financieras, jurídicas y religiosas puestas a su disposición o generadas por el mismo capital, con el fin de poder determinar sus puntos más débiles es, pues, nuestra tarea prioritaria y la de esos equipos multidisciplinares.

La acción revolucionaria es diversa y sus frentes múltiples, como lo es la sociedad actual, por lo que es necesario teorizar de forma clara y sencilla la organización y naturaleza de los movimientos de resistencia y de avance, sabiendo que la revolución es una constante, tanto antes, como después de cualquier cambio cualitativo, y que solo la clase obrera, en sus diversas formas productivas, puede liderar la construcción de una sociedad sin explotación ni opresión.

Es decir, el conocimiento en profundidad de la realidad socioeconómica y el análisis exhaustivo de las fuerzas y dispositivo de represión y control del capitalismo, nos debería llevar a establecer los modos de organización y las acciones justas, en función de las conclusiones obtenidas.

Dicho de otro modo, comprender bien la realidad socioeconómica y las diversas formas represivas del sistema;

entender que los frentes de lucha son múltiples y complejos, y alimentar día a día el espíritu revolucionario, contra los vaivenes de la ilusión y el desánimo ciclotímicos, propios de un enfrentamiento sentimental e idealista con el sistema, es la única forma de establecer una sociedad libre sin explotadores ni opresores.

Querido Matías, el enemigo de la revolución siempre ha sido fuerte y despiadado, por ello, con independencia de la realidad histórica en que vivamos, tenemos que conservar el espíritu revolucionario y la firme convicción de que sólo los oprimidos y explotados pueden construir la nueva sociedad auténticamente humana.

Un abrazo revolucionario.
Antonio

PS: Tengo mis dudas de que esto te sirva, ya que pienso que he caído en la retórica panfletaria, pero no doy para más en las actuales circunstancias.

....

RESPUESTA Y AGRADECIMIENTO

Querido Antonio, amigo y camarada intachable, no solo me sirven tus palabras, sino que irán al final del poemario, como epílogo imprescindible del mismo; pues es la voz de la vieja clase lanzada al futuro la que se expresa en ellas.

Gracias, pues, a ti, y a todos los compañeros y compañeras que habéis respondido y dialogado con este Réquiem y exaltación, *agrandando y dignificando su sentido.*

Esta primera edición de *Réquiem y exaltación* de Matías
Escalera Cordero terminó de imprimirse en
Antequera (Málaga) el 12 de mayo de
2025, fecha en la que se conmemora
el nacimiento de Claribel
Alegría.